震災と保育 1

混乱，そして再生へ

磯部裕子

■ 目次

ななみブックレット No.3

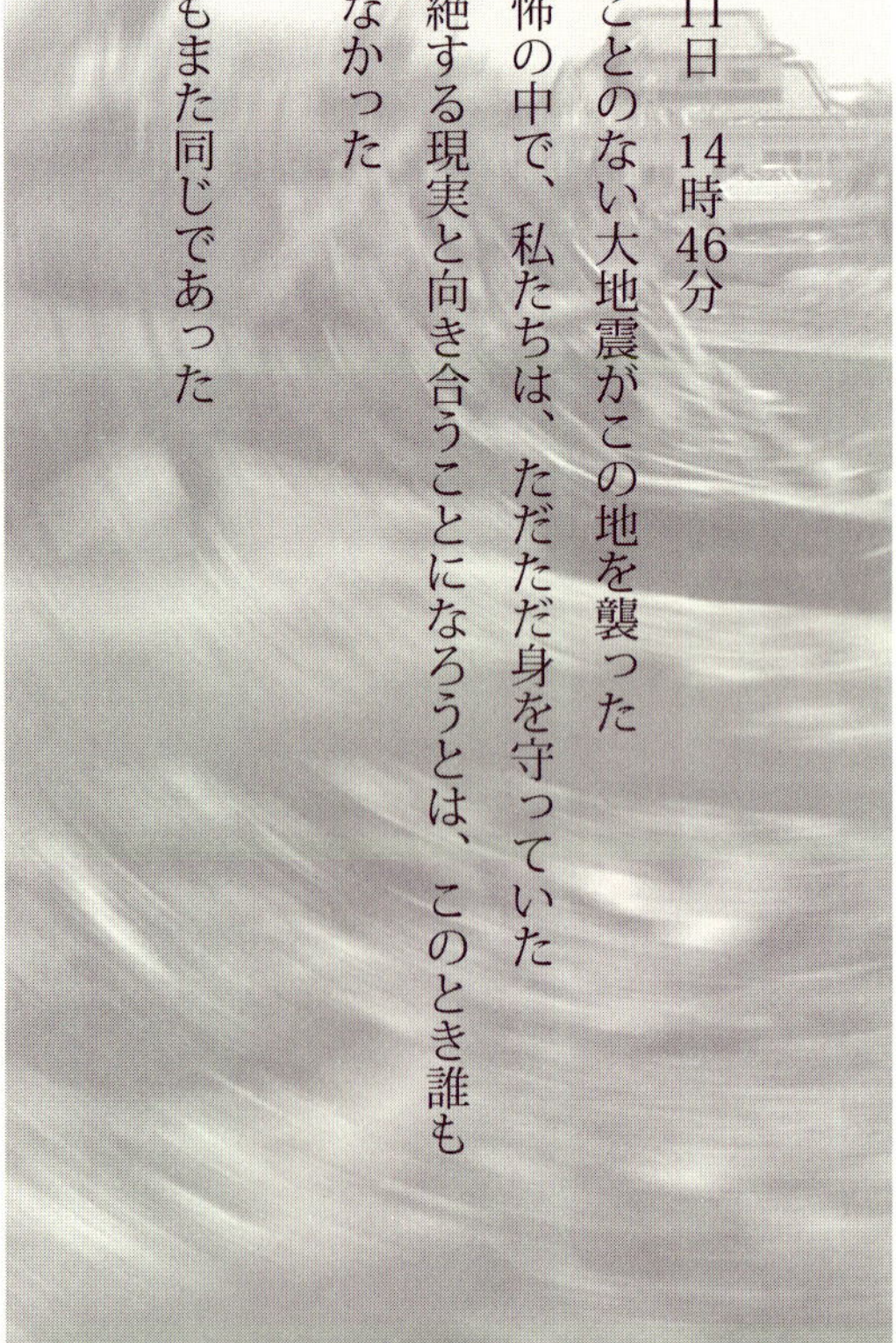

２０１１年３月11日　14時46分
誰もが経験したことのない大地震がこの地を襲った
大きな揺れの恐怖の中で、私たちは、ただただ身を守っていた
このあと想像を絶する現実と向き合うことになろうとは、このとき誰も
予想だにしていなかった

それは保育の場もまた同じであった

Ⅰ　はじめに

その日、私は仙台市の隣町で、保育所の所長、保育園の園長、主任保育者たちと、ある保育雑誌の編集会議を行っていた。会議開始から1時間ほどが過ぎ、そろそろコーヒーブレイク、と思った矢先、私たちはこれまで経験したこともない大きな揺れに襲われた。とっさに身を守る体制をとり、揺れが収まることだけを祈っていた。会議室のホワイトボードが倒れ、コーヒーカップが飛んだ。窓ガラスがバリバリと音を立て、私たちのいる2階の会議室は崩壊するのではないか、そんな予感さえした。「恐怖」――それ以外の何物でもなかった。しかし、私たちはすぐにでも立ち上がらなければならなかった。なぜなら、ここに、この町の保育所の責任者のほとんどが集まっていたからである。責任者不在の保育所。そこで、子どもたちは、保育者はどうしているのか。そのことが、私たちの頭をよぎった。

大きな揺れがいったん収まったのを確認し、所長、園長、主任たちはとにかく園に戻らなくては、と、荷物もそのままに、大急ぎで会議室を出た。

それから、私はまずは、自宅近くに戻ろうと、車を走らせた。すでに街中は停電で、大渋滞となっていた。車のラジオから、目の前の大型ショッピングセンターの天井が落ち、子どもが犠牲になっていると声が流れた。路面の商店のガラス張りのショーウィンドウは、無残にも壊れ落ちていた。繰り返される大きな余震のたびに、私の車が大きく飛び跳ねた。

普段なら40分ほどの距離にも関わらず、自宅に着くまで4時間を要し、街灯のない住宅街は、すでに真っ暗になっていた。すべての明かりが消えた街の暗闇は、ますます恐怖を掻き立てた。ラジオでは津波警報が発令されたことを繰り返し報じていた。津波警報——この言葉が意味することを、このときは、まったく理解できずにいた。「仙台空港に波が押し寄せている」という具体的な報道も、あの場所のあの空港に波が押し寄せるとはどういうことか、その音声からは、具体的な映像を思い浮かべることはできなかった。

すべてのライフラインが止まり、ほとんどの家具が倒れ、扉の開閉もできなくなっている自宅で一晩を過ごすことに危険を感じた私は、近くの避難所に身を寄せた。そこにはすでに多くの地域の人が集まっていた。先週生まれたばかりの赤ちゃんを抱えた若いお母さんが不安そうに座りこんでいた。小雪が舞う寒い夜だった。避難所の前庭に、近くにあった材木を集めて火を焚き、順に暖をとった。せめて温かいものでも飲んで、気持ちを落ち着かせようと、お湯を沸かして、避難所にいる人々にお茶をまわした。

元気な大人たちは、なんとかつながるインターネットとラジオからの情報を集め、今何が起きているのかを探った。

宮城県南部の海岸に200人近くの遺体があがっている、と放送されても、それが何を意味するのか、まったく理解できなかった。その悲惨の情報が「音」として流れても、まだ私たちは、今、何が起きているのか、そしてこのあと、私たちが何に直面するか、知る由もなかった。

私は一晩中、ラジオから流れる情報を確認していた。地元のラジオ局が、「未確認ではありますが」という前提で、ツイッターで寄せられた情報を報じていた。A町に15メートルの津波、○○病院が波にのまれている。B町に18メートルの津波、○○会館の屋上まで波が来ている。屋上には人がいる模様……という情報を次々に流していた。

私が知るその病院は、数階建てのコンクリートの建物である。その建物が波にのまれているとはどういうことか。私が知るその会館の屋上に波が到達するなどということがそもそもあるのだろうか。報道で流れる内容と私の知るその場所の風景が、どうしても一致せず、その時もまだ、本当に今この地に何が起きているのか、理解はできていなかった。ただ、とんでもないことがおきたのだ。そのことだけを、確信した。

それから、どのくらいの時間がたっただろうか。点々と入る情報を自分の中でつなぎ合わせていくうちに、ようやく今起きていることが何なのかがわかり始めてきた。私たちの想像を超えるとてつもなく大きな災害がこの地に起き、私がこうしている今も、それは人々を襲い続けているということであった。

ラジオから流れる情報だけでは、家族のこと、友人のこと、同僚のこと、教え子たちのこと、それらの具体的なことは、何もわからなかった。と同時に、先ほどまで一緒にいた保育所の先生たちはどうしただろうか、園の子どもたちは無事だっただろうか、と考えるうち、あちこちの幼稚園、保育所の光景が目に浮かんだ。あの大きな建物が流されているのであれば、その建物の手前にあった幼稚園や、すでに水没していると報じている道路沿いの保育所がどうなっているのかは想像がついた。地震が発生したのは、14時46分である。幼稚園の子どもたちは、すでに保育が終わり、帰路についている頃である。自宅に着いていただろうか、あるいは送迎バスの中であったのか、預かりの子どもたちは……と、考えずにはいられなかった。保育所の子どもたちは、午睡から目覚めるころの時間である。子どもたちは、無事避難できているのだろうか。保育者たちはどうしているだろうか……と思いを巡らせていた時、隣の市のA幼稚園の保育者がツイッターで「子どもたちは園の2階に避難してみな無事です。園にあったおやつを食べて、子どもたちは休みました」と放送局に送り、それがラジオで流された。海から近いわけではないA幼稚園でさえも、1階は完全に水没したのかという失意と子どもたちと保育者が全員無事であったことの安堵――こうした情報の一つ一つを確認しながら、私は長い長い夜を過ごした。避難所の床は、凍り付くほど冷たかった。先週生まれたばかりの小さな命を抱えた若いお母さんは、わが子がぐずるたびに、申し訳なさそうな顔をした。しかし、そこにいた大人たちは皆、赤ちゃんのその泣き声に励まされ、癒され、ただ朝が来るのを待ち続けていた。

あの日から5年。人々のくらしは、未だ完全な復興には至っていない。むしろ、問題はより複雑化し個別化しているようにも思われる。

保育の場もまた同様である。

Ⅱ　一つ一つの情報を頼りに

震災から3日め。ライフラインが止まっていたため、リアルタイムでテレビのニュースを確認することはできなかった。入手した朝刊は、「死者・不明1700人超」「家々跡形もなく」「迫る波、町をのむ」等と題し、各地の被害の様子を具体的に報じていた。その一つ一つの写真と記事を目にしながら、言葉を失った。

沿岸部への道路のいくつかが通行可能になった直後から、私は車で沿岸部の状況を確認に出かけ、幼稚園、保育所の場所にも立ち寄ってみた。いくつかの園は、遠くに確認することができたが、がれきの山に阻まれて、園に辿り着くことはできなかった。辿り着くことのできた園の中をのぞき込むと、保育室の中に、がれきが押し寄せ大木が壁を突き抜けていた。泥に埋まったピアノ、倒れたロッカー、散らばった遊具……つい先日まで、確かにここで保育が行われていた。そのことが確認できるが故に、目の前の光景に茫然とした。と同時に、この園の子どもたちは、無事だったのだろうか。保育者たちはどうしているのだろうか。とてつもない不安に襲われながらも、そのことを確かめるすべがなかった。

携帯電話の充電もままならない中で、保育者仲間と連絡を取り合い、一つ一つ情報を集めることにした。訪問可能な場所には車で出向き、直接状況を確認した。被災地から離れた保育者仲間から、私自身の安否確認と保育状況についての問い合わせの電話がひっきりなしに続いた。情報を発信しなければと思いつつ、その時点では、私自身何一つ、確かなことがわからずにいた。

①　何もかも手探りの状況下で

被害の全容をつかむことが困難だったことから、訪問可能な場所から、訪問することにした。訪問の順序など、考えている余裕は、まったくなかった。きっと役に立つだろうと思われるものを車に積めるだけ積んで訪問し、そこで必要なものを伺ったり、新たな情報を得たりしながら、次の訪問先を考えた。無謀な訪問もした。車で沿岸部の保育所に出かけたところ、行きには問題なかった道路も、帰りは満潮になって道路に海水が溢れ、海水の中をぎりぎり帰ってきたこともあった。情報化時代というが、すべての情報が寸断されたとき、こんなにも人は弱い存在になるのかと思わずにはいられなかった。まさに「手さぐり」の状況だった。

●亘理保育所へ（宮城県亘理郡亘理町）

宮城県南部・亘理町の沿岸部の被害もまた甚大であった。以前から親しくさせていただいていた保育仲間が所長を務めるこの保育所は、海からはかなりの距離があるものの、保育所の様子が気になり、車を飛ばした。保育所に着いて、所長先生の笑顔を拝見した時は、つい先日お会いしたばかりであったのに、何年振りかの再会のような気がした。そして、子どもたちは全員無事であったこと、亘理保育所そのものは建物の一部に被害があった程度であったため、なんとか保育ができる状況であること。保育者も全員無事であったことを伺い、安堵した。まずは、そのことを穏やかに語る所長先生であったが、そのあと先生のご自宅が津波で全壊したことを伺った。公務員である保育者たちは、震災後、全員が避難所勤務となり、自宅にも帰れない状況が続き、ご自身の自宅が全壊していることを知ったのは震災から2日後であったとのことだった。

何か必要な物は?と伺うと、すでに子どもたちのための食料や水、絵本や折り紙のようなものは、最低限確保ができているとのことだった。そして、少し間をおいて大変申し訳なさそうに所長先生は、「保育士の着替え、靴下、エプロン、防寒具……それらを用意していただくことは可能だろうか」と、話された。聞けば、所長先生だけでなく、保育者の何人かの自宅も被災したとのことであった。震災以来、保育者はほとんど着替えもないままに生活している。せめて、彼女たちの着替えがあれば、とのことだった。

この状況下で保育者たちは、自分のことはすべて後回しだった。子どもたちのために――それが何よりも優先されていた。誰から指示されたわけではない。すべての保育者が子どもたちのために、とただただ力を出し尽くしていた。寝る間も惜しんで働きつづけた保育者たちだった。

●石巻市立中央児童館へ（宮城県石巻市）

石巻市の被害もまた甚大であった。市立はまなす保育所・湊保育所・渡波保育所は、全壊あるいは浸水し、保育再開可能な状況にはなく、3つの保育所が合同で中央児童館で、保育を再開することになった。かつての保育所の備品はすべて使いものにならない状況になっており、児童対象施設の児童館で、乳幼児の保育をするのは困難であったが、まずは保育の場所が確保できただけでも、よしとせざるをえない状況であった。

午睡のための布団がない。幼児サイズの机やいすもない。保育のための遊具も教材も何もない。そんな状況だった。冷たい床の上で子どもたちを寝かせるわけにはいかない。布団を集めよう。私たちの最初の活動はここから始まった。東京の友人に声をかけ、とにかく子どもたちの午睡用布団、毛布、シーツ等を送ってもらった。当初、とても必要枚数に届かなかったが、仲間の何人かが、寝具会社や保育用布団リース会社に交渉してくださり、まずは中央児童館で必要な最低限の布団を用意することができた。それを仙台市内の幼稚園の園バスに積み込み、児童館に運んだ。

何もないところで保育をする――このあと被災地の保育現場のほとんどがこの課題と向き合うことになる。これは、私たちの中にある保育の当たり前を問うという本質的課題であることに私自身気づいたのは、震災直後の大混乱がようやく収まりつつあった半年後くらいのことであった。

2 「みやぎ・わらすっこプロジェクト」立ち上げへ

未曽有の大震災であった。このような時に、一体何をどうすればいいのか、何から手をつければいいのか、誰もわからなかった。保育の場もまた同様だった。何もかも失った保育現場は、いったい何が必要なのか、今後どのようにすればこの状況を回復していけるのかさえ整理できずにいた。個人的なネットワークで訪問した幼稚園、保育所で必要な物を伺い、それをお届けする、まずはそんなことしか思いつかなかった。被害の大きかった地域を中心に訪問し、そうした御用聞きをし続ける。ただ、この状況を乗り越えるには、私や数人の仲間だけでは困難なことは、明らかだった。すでに大きなＮＧＯや実績のあるＮＰＯが支援活動を始めていたが、保育の現場の生の声を生かした活動は、ほとんどできていなかった。それであれば、私たちがとにかく活動窓口を作ろうと、プロジェクトを立ち上げた。プロジェクトのメンバーは、仙台市内の幼稚園の仲間と学生たち、保護者というごくごく内輪であったが、せめてプロジェクト名をつけようと、「みやぎ・わらすっこプロジェクト」と命名した。（「わらすっこ」とは、童子（わらし）の東北弁）

何しろ、まったく先の見通しも計画もないままに立ち上げたプロジェクトである。当面の資金は、メンバーのポケットマネーしかなく、何からどのように始めることが本当の意味での支援になるのか、そんなノウハウは何もなかった。ただ、このプロジェクトの立ち上げによって、支援のお願いをするための窓口ができたことが、大きな一歩に思えた。

とはいえ、誰に、何をお願いすればいいのか、何もわからないまま、まずは関東の保育仲間に連絡した。とにかく、幼児用の布団、タオルやウエットティッシュ、いすなどの備品、絵本や折り紙など、場所がなくても遊べるようなものを送ってほしいと連絡した。メールを送った数分後には、「すぐに園にあるものを送ります。また改めて、こちらで集めて送ります」という返信が届いた。この時ほど、仲間の存在を心強く感じたことはなかった。これから、しばらくの間、絵本、布団、机、おもちゃ、折り紙、画用紙……ありとあらゆるものが、毎日のように宅配便で送られてきた。送り主の多くは、もはや私の直接の知り合いではなく、全国各地の保育関係者であった。プロジェクトのメンバーの幼稚園の大きな倉庫2か所が、瞬く間に届いた支援物資でいっぱいになった。私たちの当面の活動は、一つ一つの園に足を運び、必要なものを伺い、それを届いた物資から選択して、届けるということだった。

●プロジェクト立ち上げの経緯

力のあるNGO、NPOの支援の動きは、大変心強いものでした。その対応の早さは、すべてのものを失って呆然とする被災者たちの大きな力となりました。しかし、その一方で、日本の、東北の、宮城県の、保育の具体的な状況を把握しきれない中での支援には限界もありました。被災の状況も、個々の園が抱える課題も、立ち上がるための必要な支援も、実に多様で、保育という場を回復するには、一律の支援は必ずしも適当ではない場面も多くみられるようになりました。

やはり、日本を、東北を、宮城県を、保育の状況を知る者が、個々の細かいニーズを捉え、支援していくことが必要なのではないかと考え「みやぎ・わらすっこプロジェクト」を立ち上げました。当初は、我々のできることは小さくとも個々の園に、確実に必要な支援を進めていこうと、代表磯部の保育関係者に声をおかけし、支援物資と義援金のご寄附をお願いしました。しかし、瞬く間にこの輪が全国にひろがり、多くの保育関係者からたくさんの支援物資、義援金が寄せられました。改めて、保育に関わる仲間たちの力強さと子どもたちへのまなざしの温かさを感じた次第です。

本来でしたら、ご支援いただきました皆様、お一人おひとりに、この間のご報告とお礼を申し上げるべきところですが、今はこのプロジェクトの活動メンバーたちと共に、県下の幼稚園、保育所を走り回る生活ゆえ、それもかないませんことをお許しください。

「みやぎ・わらすっこ通信　第1号」より　2011.5.21 発行

（日本保育学会第64回大会で配布いただくために大会当日に発行した）

③ 大切な人を探す

沿岸部の幼稚園、保育所を訪ねながら一つ一つ整理していった情報は、被災地全体から考えれば、ごくごく一部の情報でしかなかった。被害の大きかった東松島市の保育士として働く卒業生の安否も確認できないままであった。彼女の勤務する保育所は沿岸部に位置しており、被害は免れなかったことは容易に想像できた。保育所の場所を訪ねたが、道をがれきに阻まれ、近づくことができなかった。遠くから全壊した保育所を眺めながら、あの時間に保育をしていたであろう卒業生は、一体今どこでどうしているのか、そのことが心配でならなかった。

この地域では、ほとんどの住民が、避難所生活を余儀なくされていた。彼女も無事ならば避難所にいるのではないか。各避難所では、当初から避難者名簿が作成されていたため、それらの名簿を探せば、本人が見つかるのではないか。そんな期待を持ちながら、あちこちの避難所名簿を検索した。

彼女の勤務する保育所近くの避難所である小学校を検索し、本人の名前を見つけたときは、思わず大きな声を出した。「あった!」。

思えば、3月11日以来、避難所の名簿探しは、この時が初めてではなかった。私だけでない。本当にたくさんの人が、安否を確認できない家族、友人、同僚、教え子……を探して、避難所を歩き回っていた。交通手段も限られた中で、避難所から避難所へ、一縷の望みを抱きながら大切な人を探し回っていた。

私はというと、避難所の名簿から卒業生本人の名前を確認したものの、避難所で再会することはかなわなかった。すでに別の保育所で勤務していることを耳にし、保育所に向かった。笑顔の本人に再会した瞬間は、全身の力が抜けた。ほっとしたのもつかの間、彼女から避難時の緊迫した状況、それでも子どもたちを全員無事に避難させたこと、しかし、園で保護者に引き渡した子どもが被害にあったことなどを伺い、保育者の仕事の責任と、まさに命を預かる仕事であることを改めて確認した。子どもたちを乗せて、避難した彼女自身の自家用車は、子どもたちを降ろした数分後に津波に流されたとのことだった。彼女の自宅も大きな被害にあっていたが、彼女を含め公務員の両親は、自宅のことは、何一つできる状況にはないとのことだった。

以下はその彼女が、わらすっこ通信によせた文章である。避難時の混乱、子どもを失った悲しみ、それでも子どもたちのためにと自身を奮い立たせる様子、そして、心身共に疲労困憊であるにも関わらず、保育を再開できることを「喜び」と感じる保育者の姿。この時期、どれだけこうした保育者たちに出会っただろうか。「すべての」と言っていいくらい、保育者たちは、こうしてこの時を過ごしていた。「頑張ろう」などという言葉が薄っぺらにさえ思えた。ただただ保育者として生きる、そんなすさまじい姿であった。

２０１１年3月11日。いつものように保育所の一日が始まった。いつものように遊び、いつものように給食を食べ、いつものように子どもたちは午後の眠りについた。そんな当たり前の生活を一瞬にして奪っていったもの。それは、あの地震、そして大津波だった。

大きな地震は2日前にも来ていたが、それを上回る揺れに驚いた。お昼寝中の子どもたちを急いで起こした。保育室の中はものが散乱し、余震でまっすぐに歩けない状態の中、すぐに保護者に引き渡せるよう、カバンをまとめた。地震による停電のため、震度がどのくらいなのか、今どういう状態なのか全くわからなかったが、自主的に迎えに来た保護者に子どもをどんどん引き渡していった。子どもたちは着替えている暇もなく、とにかくパジャマの上に防寒着を着せた状態で帰した。

地震発生から何分後だったのだろうか、福祉課の職員が様子を見にきた。「津波が来るから大曲小学校に避難するように」との指示。職員の車に残った子どもたちを乗せ、小学校へと向かった。道路は避難の車で渋滞していた。ラジオを付けるが状況が理解できず、防災無線もさっぱり聞こえなかった。その時、私の隣に乗っていた3歳児のR君がけろっとした顔で言った。「地震こわかったねぇ。」その言葉で、焦っていた私の気持ちが少し落ち着いた。「子どもに不安な思いをさせてはいけない。私がしっかりしなければ。」そう思った。普通だったら5分くらいで到着するはず小学校へは、30分経っても着かない。それはものすごく長い時間に感じられた。R君となんでもない話をしていることが救いだった。小学校まであともう少しのところに来た時、海の方向から「津波が来ます！！」と叫びながら人が走って来た。小学生の子どものような声だった。その声を聞いて、咄嗟に車から降り、他の職員が乗せていた子どもたちも連れて必死で走った。小学校に到着すると、校舎の中に誘導された。３階まで駆け上がり、空けてくださった教室に入る。地域の住民も避難してきていて、校舎の中は人でごった返していた。教室の窓から外を見ると、校庭にじわじわと波が入ってくるのが見えた。その波はあっという間に広がり、校庭に駐車していた車を巻き込みながら水位が上昇していった。その高さは、消防車が見えなくなるくらいであった。信じられない光景だった。その日は雪のちらつく寒い日だった。カーテンを外して床に敷き、防寒着を羽織って子どもたちは眠りについた。寒さと空腹、そして続く余震の恐怖に耐えながら一晩を過ごした。

次の日になると、状況が少しわかってきた。校舎の一階は浸水してしまい、周りもまだ水が引かないので、救助の手も入れないということであった。「ママー」と泣く子。熱を出す子。吐いてしまう子。子どもたちも不安でいっぱいだったことだろう。そんな子どもたちをだっこしたり、「ママ来るから大丈夫だよ」と励ます。子どもたちを無事保護者に引き渡すまでは、自分が不安になっている暇などなかった。とにかく目の前の子どもたちを守ることで必死だった。震災から2日後、やっと連れてきた子どもたち全員を保護者に引き渡すことができた。その中で、保育所で引き渡した子どもの訃報も聞いた。悲しみを通り越して、言葉にならない気持ちになった。悔やんでも悔やみきれない気持ちでいっぱいだったが、今は自分たちにできることをしていくしかないと思った。

その一方で、保育所の再開に向けての取り組みは私たちが前に進むための活力にもなった。昨年度で閉園した大曲幼稚園の場所を使って、大曲浜保育所が再開できると知った時は、職員みんなで喜んだ。しかし、この場所も津波の被害を受けたところ。泥出しからはじまり、片付け、掃除は大変な作業だった。また、保育所の備品がほとんどなくなってしまった状態だったので、たくさんのところから支援をいただいた。大学時代ゼミでお世話になった磯部先生から「わらすっこプロジェクト」の話をいただいた時は、本当に本当にありがたいと思った。整理棚、タンスから始まり、積み木やお人形などの玩具、事務机、それから庭の遊具まで様々な支援をいただいた。そのおかげで、6月27日、新しい場所での大曲浜保育所の再開が実現した。

私たちの仕事は子どもが健やかに育つように導いていくことだが、子どもたちから与えられるものも大きい。地震の時、子どもがいたからこそ自分は強くあることができた。子どもたちとの楽しい生活を取り戻すために、大変な作業も頑張ることができた。この震災を通して、私が「先生」としていられるのは子どもたちあってこそなのだと強く感じた。だからこそ、子どもたちに自分ができることを精一杯やっていきたいと思う。そして、子どもたちに「生きる」ということの素晴らしさを伝えていきたいと強く思っている。

（山田（百々）静香・東松島市保育士）

「みやぎ・わらすっこ通信　第3号」より

がれきの先に見える保育所（東松山市）

このころ東日本大震災を、報道は「未曽有の」「千年に1度の」と表現していた。まさに今、この地に生きる誰もが経験したことのない震災であった。開通した限られた道路は、全国から駆け付けた警察車両や自衛隊の車でいっぱいだった。がれきであふれる町並みとそれらの車両の風景が「有事」を物語っていた。見たこともない光景であった。震災から1か月を経て、すでにいろいろな現実、被害の状況は見えていたにも関わらず、どこかで、これは「現実ではないのではないか」と思っていた気がする。

多くの保育者たちがそうであったように、私もまた、十分に体を休める時間も食料もなかった。ガソリンや生活用品、食料を得るためには、長時間店頭に並ばなければならなかった。つい先日までの日常とは、あまりにも違う生活だった。自宅、職場、そして何よりも大切な人を失った人々は、悲しみに押しつぶされそうになりながら、それでもその時を生きなければならなかった。

２０１１年3月末までには、保育を再開する園が少しずつ増え始めていた。延期していた卒園式を開催したり、被害が大きかった地域でも、保育を再開するための動きがみられるようになっていた。「各保育団体」が少しずつ情報を整理し始め、県内の幼稚園、保育所の被災状況が具体的になりつつあった。

しかし、ここに大きな問題があった。情報の整理は、各団体が先導的に行っていた。つまり、保育所の団体は保育所の情報を、幼稚園の団体は幼稚園の情報を整理していた。さらに私立の団体は、私立の園の情報を集めていた。私自身は、宮城の保育状況全体を把握したかった。宮城の子どもたちに、幼稚園児なのか保育園児なのかという区別はない。それらの園が私立であろうと公立であろうとそこにも区別はない。しかし、そうした所属を超えた組織がないこの地域では、それらの情報を集めるすべがなかった。のちに、「日ごろからの備え」「関係組織の連携」ということが、あらゆる場面で言われるようになったが、保育界でもこの組織の不備が、情報把握を遅らせ、その後の支援や再生に大きな影響を与える要因の一つともなった。

Ⅲ　「子どものために」——支援とは何かを問いながら

震災直後から、各団体が各避難所で様々な支援を行っていた。大人であっても、厳しい生活が続く中、遊ぶ場所もない子どもたちのために、様々な団体が子どもの遊びを支援する活動を展開してくださったことは、本当に感謝だった。

大きなＮＧＯは、大きな組織力で多額の資金をこの地の子どもたちのために、用意してくれた。小さなボランティアグループは、それぞれの避難所を回って、子どもたちに楽しいひと時を用意してくれた。それぞれの団体を統括する組織はなく、情報も正確に把握できない状況下では、できる人ができるところでできる支援をする——そうした方法しかなかった。わらすっこプロジェクトもまた同様であった。ある程度の情報は整理できつつあったが、なにぶん小さなプロジェクトである。「あの園が困っている」という個別の情報を聞きつけては、駆けつけて支援する——こうした活動は、小さな力だけれど、継続することを何よりの力としようと決めた。

震災後１か月を過ぎたころ、こうした団体が少しずつつながりはじめ、それぞれの団体が自分たちの行っている支援内容を情報交換し、お互いに力を貸しあったり、共同して支援したりという動きもスタートした。一つ一つの団体は、小さなものであったため、こうして連携することで時に大きな支援を実現することにもつながった。そうした中で、どこで何がつながったのか、ユニセフの関係者が私のところに訪ねていらした。世界的組織であるユニセフは、震災直後から、被災地に入り、様々な支援を展開していた。世界各国の様々な被災地での支援のノウハウを持っているユニセフの動きは、私たちには思いもつかないほど、スピード感があり、大きな力だった。訪ねていらした代表者は、ユニセフが被災地で行う支援の一つとして、被災した幼稚園、保育所の再建のための支援を計画したいが、海外から駆けつけたユニセフのスタッフは、日本の保育の制度、東北の状況、宮城県の保育現場に必要な具体的支援が見えていない部分もあるため、いくつかの支援について、協力してもらえないかとのことだった。

まさにごく仲間内で立ち上げた「みやぎ・わらすっこプロジェクト」である。世界的組織であるユニセフと共同した活動などできるのだろうかと思いつつ、この地の子どもたちのために、そして幼稚園、保育所のために大きな力を注いでいただけるなら、そして、それが被災した保育現場の再生につながるなら、共同することも一つと考えた。ユニセフは、この地の保育現場のために私たちのような小さなプロジェクトでは到底集めることのできない桁違いの支援金を用意し、それによって保育の現場に必要な支援物資、あるいは園舎の再建を計画しているとのことだった。

私たちは、保育現場に本当に必要な支援物資を整理したり、園舎再建を望んでいる幼稚園、保育所の情報を提供したりしながら、具体的な活動を進めた。世界的な組織と極小のプロジェクト、時に思いがすれちがい、ぶつかることもあった。しかし、兎にも角にも、のちに被災地の幼稚園、保育所のうち14園もの施設の園舎が再建されたのは、ほかならぬ世界中から集められたユニセフの支援金によるものである。それは、極小プロジェクトの我々には、到底できない事業であった。

一方で、保育の現場をよく知る我々だからこそできる支援があるとも考えた。ユニセフにハードの支援をお願いできるなら、私たちはソフトの支援を。保育の現場が本当に望んでいることに耳を傾け、「必要なところに必要な支援を」をモットーに、私たちなりの支援活動は続いた。

① 変化する支援とあらたな混乱

ユニセフと共同した活動とは別に、私たち独自の活動は続けていたが、時間の経過とともに必要な物資は刻々と変化し、支援の内容も変化した。震災直後は、文字通り、何もなかった。着の身着のまま避難した被災者たちは、寒さをしのぐためであれば、古着でも何でもよかった。しかし、時間の経過とともに、できれば古着ではなく、新しいものに着替えたいという思いにもなるのも当然のことであった。東北の春の訪れは遅いとはいえ、震災から2か月を経た5月には、季節は暖かな季節に変わりつつあった。避難所に毎日のように送られてきた古着の中には、真っ赤なパーティードレスやシミだらけのセーターも入っていたという。わらすっこへの支援物資も同様であった。こんな小さなプロジェクトに、瞬く間に全国の保育関係者からたくさんの衛生用品、保育用品、教材、遊具の数々が送られて来たことは、感謝以外の何物でもなかったが、保育の現場が必要とする物資は、時間と共に大きく変化していった。そうした被災地の変化に応じた物資を集めることが求められた。しかし、この辺のノウハウが私たちにはまったくなかった。倉庫の中いっぱいになっていく物資の中には、時として驚くようなものも含まれていた。びりびりになった絵本、塗り終えた塗り絵、ほこりまみれの机、壊れたおもちゃ等々。送り主を見ると大学の保育系学科のゼミであったり、幼稚園であったりした。何かの間違いか……とも思った。このころの私たちの活動は、こうした物資の仕分け作業に大きなエネルギーを注がざるを得なくなった。学生たちは、授業の合間に、保育者たちは保育終了後に、時間を見つけては、使えるものと使えないもの、今必要なものとそうでないものを仕分けながら、園から「○○が必要です」という情報があれば、届けることができるよう、活動を続けていた。

支援の物資は、今必要なものは「今」であることに意味がある。今必要なものは10日後には、まったく必要ないものとなるかもしれない。支援は時間と内容の双方が一致して初めて意味を持つ。保育現場でいうならば、震災当初は、とにかく子どもの命や生活を守るための物資（食料、水、着替え、衛生用品、タオル、防寒具など）、次の段階は、保育に最低限必要な物資（絵本、素朴なおもちゃ、紙や筆記具など）、そして次の段階は、よりよい保育を実現するための物資であった。

同時に、最初の段階から時間がたつにつれ、支援はより個別化していったことも記しておきたい。震災当初、食料がない、水がない、暖が取れない、衛生環境が整わない……という状況は、ほとんどの被災者に共通するものであった。しかし、時間の経過とともに、人々の生活そのものが多様になっていった。早い段階で、日常生活を取り戻せた人、避難所生活が長引く人、健康な人、病気を抱えている人、それぞれの被災者の生活に相応しい支援が必要となった。保育現場もまったく同様であった。それぞれの現場に相応しい支援、それを実現するためには、なにより正確な「情報」が必要であった。しかし、縦割の組織で集めた情報からは、そうした細かな情報を得ることは不可能だった。

●石巻市橋浦保育所へ（宮城県石巻市）

石巻市の被害の状況もまた、甚大なものであった。震災直後に石巻市中心部に支援物資を運んでいたが、道路状況の問題もあり、石巻市北部に伺えたのは、震災から3か月が過ぎたころであった。津波で1メートル以上浸水した園舎は、すでに自衛隊やボランティアの方によってきれいに片付けられており、保育が再開されていた。

震災当日は、瞬く間に津波が押し寄せ、平屋の園舎では2階に避難することもできず、子どもを押し入れや天袋にあげ、保育者は窓の桟や暖房器具などの上に上がるのが精一杯だったとのことだった。私たちが訪ねたときも、園の周辺は泥だらけで、ホールの窓から外を見ると、流されてきた船や車、家具やがれきがそのままになっていた。当日の緊迫した状況が容易に想像できた。肩まで水につかりながら子どもたちを守り抜いた保育者たちが語る言葉は重かった。保育所内は、きれいに片付いてはいたが、子どもたちの遊具は、ほとんどなかった。すべて流されたり、泥だらけになったりして、使える状況にはないとのことだった。

「何か必要なものがあればお届けします」と伺うと、所長先生は最初「いろいろと届けていただいていますので」とおっしゃった。その遠慮がちな話しぶりが気になり、少し時間をおいて伺うと、保育所に届いた段ボール箱を開けながら、たくさんの物資が届くが保育の中で使えるようなものがない、これらを整理することも困難であるうえ、これ以上、不要なものが届くことは避けたいとのことだった。

ここでも同様なことが起きていた。今、必要ではないものが届くことは、むしろ被災地を混乱させる。送る側の善意が、被災地の負担となっている。こうした支援する側とされる側の不一致は、その後も様々な問題を生むことになる。私たちは、支援することのむずかしさと、私たちだからこそできる支援とは何かを考えつつその日は帰路についた。

翌週、私たちは再び保育所を訪ねた。保育室の片付けを終えたものの、泥だらけの調理室の修繕が追いついておらず、未だ給食の調理はできない状況だとのことだった。子どもたちは、相変わらず冷たいおにぎりやパンで昼食をとっており、保育者たちは、せめて温かい食事をさせてあげたいと、願っていた。そこで、私たちは、栄養学を学ぶ学生たちの協力を得て、大学内で調理した食事を持参して保育所に伺った。思えば、避難所の食事は、おにぎりと簡易な弁当などで済ませるしかない状況であった。温かい豚汁がつけば十分、という生活が続いていたが、小さな子どもでさえ、そのことを嘆いてはいなかった。贅沢なものが食べたいというわけではない。震災前の食卓に当たり前に並んでいたようなもの、それが食べられないことの辛さを感じる時期であった。

この日、私たちが持参した初回のメニューは、チキンライス、温野菜のサラダ、かぼちゃのポタージュだった。避難所では提供されることのない食事に、子どもたちは「わ〜！」と声を上げた。温かい食事をみんなで食べる。保育者と子どもたちが笑顔で一緒に食卓を囲む。こんな当たり前のことが、実現しない生活に子どもたちは耐えている。そのことを嫌だともつらいとも言わない幼い子どもたちが今、何を感じながら生きているのか、それを思うと辛かった。「うめ〜」「うめ〜」という声あげながら、チキンライスを口いっぱいにほおばる様子を保育者たちが嬉しそうにみつめている――そのまなざしが、そばにいてさらに切なくもあった。

帰り支度をしていると、子どもたちが見送ってくれると集まってきてくれました。（中略）私たちが遠くになるまで見送ってくださっている所長先生に「先生、負けずに頑張ってくださいね！」と叫ぶと、いつもは静かな先生がガッツポーズをされたのにジーンと胸があつくなりました。

（平本福子・宮城学院女子大学　教授）

「みやぎ・わらすっこ通信　第2号」より

2 支援の形を変える

刻々と変わる被災地の状況と、山積みになった支援物資。この状況を前にして、私たちのプロジェクトに物資をお送りいただくという支援をいったん中断することにした。相変わらず、最終ページのない絵本や、使い古したおもちゃが届いていたが、これらを選別して処分する作業をするのも追いつかない状況になっていた。

何にもなくなったのだから、何でもいいだろう。という発想ではなく、このような状況下だからこそ、子どもたちには良いものを、本物を届けよう、と考えた。キャラクターの絵本ではなく、質の高い絵本を。安物のブロックではなく、本物の積み木を。全国の皆様には、物資の支援をお断りし、現金の支援をお願いした。そして、それらの支援金から、私たちがその園に相応しいものを購入してお届けするという形にすることで、それぞれの園が、処分に困るようなものが山積みされるという問題は解消されると考えた。また、物ではなく、ソフトをとも考え、園が必要としている行事や保育の手伝いにかけつけたりもした。幸いにも、私たちのプロジェクトのメンバーは全員保育者と保育を学ぶ学生たちだった。人手が足りないので夏祭りのお手伝いをしてほしい、遠足の引率をしてほしい、など、それらの要望に応えられるメンバーでもあった。

私たちの支援の形を変えようと決意した背景には、もう一つの支援に関する問題が起きていたこともある。それは、ボランティアのあり方である。未曽有の大震災を受けて、全国各地からボランティアの方々が被災地に駆けつけてくださった。泥だらけの保育所内を片付けてくださるなど、早期の保育再開が実現したのも、ボランティアの皆さんのおかげであった。

がれきの片付けや支援物資のお届け、がれきの中から思い出の写真を探し出し、一枚一枚きれいにして整理してくださったのもボランティアの皆さんだった。皆さんのお力なくして、被災地の人々の生活再生の足掛かりを創り出すことはできなかった。途方にくれる人々が、一瞬でも笑顔になれるように力を貸してくださったのも、ボランティアの皆さんだった。ただ、支援する側とされる側の齟齬は、ここでも起きていいた。震災当初、子どもたちの居場所さえなくなった状況の中で、なんとか子どもたちが元気になるような時間を、と思っていたときに、ヒーロー者の主人公や人気のキャラクターが被災地を訪れてくれた時、子どもたちは素直に喜んだ。今の生活が過酷な分、一瞬でも非日常を味わえることは、単純に嬉しいことだった。子どもたちが喜んでいる姿を見ることは、保育者にとっても保護者にとって何よりもの喜びであった。外に目を向ければ、がれきの山である。つい先日まで、当たり前だった日常を失った子どもたちに、こうした非日常は、救いだった。

こうした子どもたちの喜ぶ姿が報道されるせいか、全国の皆さんが、音楽演奏や人形劇、マジックショーや寸劇を携えて、次々に訪問してくださった。普段はめったに会うことのできないヒーローやタレントに会うたびに、子どもたちは歓声を上げたが、この生活が続くにつれて、保育者たちは一抹の不安を感じるようになっていた。こうした飛び切りのゲストには、それぞれ予定があり、子どもたちはゲストの予定に合わせた生活を余儀なくされた。中には、自身の飛行機の都合にあわせて、時間を指定して訪問される方もいらした。多忙な中、都合をつけて訪問してくださることは感謝ではあったが、時に子どもたちは園での食事や午睡の時間を変更して、ゲストと会う時間を作らなければならなかった。

今日は、合唱、翌日は紙芝居、その翌日は人形劇が組み込まれるイベント続きの生活は、もはや保育ではなくなっていた。震災直後の混乱期には、ありがたかったこうした訪問も、次第に負担になりはじめていた。

保育は生活そのものである。このころ、保育者が何よりも取り戻したかったのは、子どもたちの日常である。あの穏やかな子どもの時間と当たり前の生活を取り戻したい。保育者と子どもが共に園での生活を送り、遊びを中心とした保育を行いたい。それが保育者たちの一番の願いだった。

「お断りしたいらいいのに」と私が提案すると、「遠くから、そしてお忙しい中、来てくださるのに、申し訳なくて」と保育者はポツリと言った。震災直後のあの混乱期を助けていただいた感謝の思いは確かなものだった。だからこそ、断るという選択肢は保育者にはなかった。「毎日、豪華なフランス料理を食べていては、胃腸も疲れます。お茶漬けや煮物が食べたくなる時期ですね」と保育者は笑いながら、私にそう言った。

その後、いくつかの市町村では、一つ一つの保育現場がこれらの受け入れの交渉をするのではなく、窓口を作ろうということになった。それによって、時に保育の現場の実情をお話しし、お断りすることも一つの選択とした。それでも、保育者たちは、お断りすることで、「もう支援しなくてもいいのだ」と思われることを心配していた。時間と共に、支援の形は変化する。そして「支援とは何か」私たち自身の活動も含めて、考えさせられる時期であった。

各市町村や各地域に、ボランティアセンターが立ち上がり、ボランティアをコーディネートする窓口が機能していくようになった。ここに至るまで、時間を要したのも、私たちにとって経験のない未曽有の大震災だった故である。おそらく、この経験は、今後生かされていくだろう。多くの方々の善意とエネルギーが、本当の意味で被災地に生きるようにしてこそ、ボランティアや支援の意味がある。だからこそ、コーディネートする役割を担う存在が必要不可欠なのである。

保育においても同様である。人手がない中で、休みもなく勤務する保育者たち。仮設や間借りの場所で、保育することの戸惑い。不安や、悲しみを抱く子どもや保護者たちを支えることの困難。それらを丸ごと引き受けている保育者と保育の場を支援するということは、単にイベントを企画したり、様々な物資を提供すればいいということではなかった。これらの支援を進めるためには、保育の場に今何が起こり、保育者は何を必要としているのか、その状況を正しく把握して、支援のコーディネートをする役割が必要であった。それは、保育という営為《えいい》をきめ細かに理解できる人たちによって担われる必要があった。しかし、この時点で、この地にそれらを担う組織を立ち上げるには至らなかった。

Ⅳ　保育再開に向けて　―　一つ一つ前へ

震災から初めての夏。この年の夏は、例年にない厳しい夏であった。沿岸部は、未だがれきが片付かないままになっており、人々は、これらの光景を毎日目にしながら、生活しなければならなかった。見たこともないくらいの大きなハエが大量発生したり、町を歩くと異臭がしたり、そんな環境の中での生活だった。

食料も生活必需品も何もないという生活からは解放された人々の多くは、避難所から仮設住宅へと転居し、最低限の生活がなんとか営める状況に回復しつつあった。(震災当初、宮城県の避難者は32万人に達し、宮城県で最後の避難所が閉鎖されたのはこの年の年末であった)

保育現場もまた、仮設園舎、間借りの園舎での保育を再開するところが増えてきた。しかし、人々の生活の回復に、個人差があったように、保育現場の回復もまたいろいろであった。

建物があるかないか、保育が再開できるかできないか、という問題ではなく、一つ一つの保育現場に、一つ一つの課題が浮かびあがってきた。この状況にこそ、震災後の保育の多様な課題が見えてくる。そして、その一つ一つは保育の本質を問う課題となっていくことを、その後私自身、確認することになった。

●大曲浜保育所（東松島市）

大曲浜保育所は全壊。閉園していた大曲幼稚園の園舎を片付けて、保育を再開。津波で浸水したため泥の掻き出し、掃除、所庭整備から始める必要があった。閉園した幼稚園には、保育の備品だけでなく、未満児用の設備・備品、給食環境、といったものがなく、それらを至急準備する必要があった。全国から寄せられた支援物資で最低限のものを揃え、なんとか保育を再開させた。

●のびる幼稚園（東松島市）

園舎は全壊。園があった野蒜地区は、地盤沈下も激しく危険区域に指定。現地での保育再開は断念し、隣町の公民館の一室を借りて保育を再開した。ただし、この公民館の使用は2か月間と限定されていたため、その後市内の会社の倉庫を借りて、一部改装し、一室しかない部屋で3～5歳児の保育を再開させた。

●荒浜保育所（亘理町）

保育所は全壊。建物が無事だった町内の亘理保育所で、合同保育開始。震災後5か月後には亘理保育所裏のスペースに仮設プレハブ園舎完成。給食や未満児保育などは合同で行うなど、工夫しながら保育を続ける。

●ふじ幼稚園（山元町）

園舎は、1階部分浸水。危険地域となり、当面の間、保育を再開することはできなかった。園児の一部は町内の他園に転園。半年後には、古い小学校の分校を借りて保育再開。

保育が再開された際には、他園に転園していた子どもたちの多くが園に戻ってきた。何もない分校には、全国からたくさんの保育用品の寄付が届き、最低限のものを揃えて保育を再開させた。

●あさひ幼稚園（南三陸町）

園舎は全壊。震災直後から高台にあって津波の被害を受けなかった小学校の一室を借りて保育再開。小学校の校庭には、仮設住宅が立ち並び、小学校自体も不自由な環境の中で授業を再開したが、公立小学校と私立幼稚園の共存には、困難も多かった。

その後、町の中心部から離れた地区にある公民館（旧小学校の分校）を借りて保育を再開した。和室の公民館での保育に戸惑いながら保育のスタートとなった。

●牡鹿保育所（石巻市）

保育所は全壊。高台にあった市の老人施設のホールの一室を借りて保育を再開した。老人施設の広いホールに保育に必要な備品は何一つなかった。広いホール一室で未満児から以上児までの保育をするため、段ボールで空間を区切ったり、ビニールテープでロッカー代わりの荷物置き場の印をつけたりと、すべて保育者の工夫と知恵で困難を乗り越えた。

●桜木保育所（多賀城市）

保育所は全壊。在園していた子どもたちと保育者は市内の他の保育所に分散して、保育再開。子どもたちの入所場所が確保されたものの、子どもも保護者も保育者も分散することの課題は大きかった。

●山元町南保育所（山元町）

山元町南保育所は、幸いにも津波の被害はなかったが、地震で保育所の土地の一部が崩れたこともあり、町の老人施設を間借りして保育を再開。数年後に新保育所が建設された際には、現状復帰して、この場所を退去しなければならず、大掛かりなリフォームはできない状況のまま、保育をしている。牛乳パックで作られた保育者手作りの仕切りなどで、空間を分けるなどして工夫し、保育を継続。

みやぎ・わらすっこプロジェクトが支援した主な幼稚園・保育所(園)

① 日本の保育制度の課題

震災から半年がすぎても、保育現場の詳細な情報がすべて明らかになったわけではなかった。地元紙が保育所の被災状況を公表したのは10月4日であったことを考えると、保育に関する確かな情報を入手することが困難であり、組織として整理しきれない状況にあったことが推察できる。義務教育機関の情報入手と比べて、時間がかかっていること一つをとっても、日本の保育制度が、二元化されているための制度下にあること、さらにその縦割りの制度の下に、複数の団体が組織されていることなどの問題でもあるように感じられた。

さらに、保育再開までに、要した時間をみても、義務教育のそれとは大きな違いがあった。

この地の義務教育機関がほとんど公立であるのに対して、この地の幼稚園のほとんどが私立、保育所につ

表1　保育所の被災状況

	被災施設数			保育園児の死者数（行方不明者数）	
	施設数	全壊	半壊	保育中	保育外
岩手	168	13	4	0（0）	25（16）
宮城	306	27	22	3（0）	53（15）
福島	248	3	9	0（0）	2（0）
3県合計	722	43	35	0（0）	80（31）

注：3県まとめ。データーは認可，認可外，へき地の各保育所を含む。保育中とは、保育施設で園児を預かっている状態を指す。

（「河北新報」2011 年 10 月 4 日）

いては、民間立の割合が増えていることも、この差を生んだように思われる。

学校再開が遅れることで、学習に遅れが出ることに対する危機感と、保育再開が遅れることで生じる問題に対する意識には大きな差があったのではないか。そもそも、これは日本の保育の位置づけの問題でもあるように思われた。困難な状況の中で、疲弊する保育者たちの勤務状況を見ながら、ある園長先生が私にこんな話をされた。「学校には全国から支援の教員が派遣されているようですね。保育の場にはどうしてそのような動きが生まれないのでしょうか」と。

保育が再開したことは、保育者にとって希望であった。しかし、再開するためには、とてつもないエネルギーが必要であった。保育者もまたその多くが被災者である。家族の元にも駆けつけたい。自宅や地域の生活も立て直したい。そんな思いを抱えつつ、保育再開のために頑張り続けた保育者たちである。

こんな状況を察知されたのか、「先生たちもご苦労されているのではないでしょうか。保育を手伝えるボランティアを送りましょうか」と東京のとある園長先生から電話があった。本当にありがたかった。しかし、結果として具体化できなかった。ボランティアにきていただく保育者たちの拠点（住まい）を見つけることができなかったからである。当時、被災地に送り込まれた工事関係者、マスコミ関係者、その他の業務の人々で地域のホテルや宿泊所はすでに満室で、空き室を見つけることなど困難だった。わらすっこプロジェクトで、小さなアパートを借りることも試みた。しかし、自宅を失った被災者さえも住む場所のない状況で、アパートを借りることなど、とても実現できる状況になかった。

「寝袋もっていきますから。」と、園長先生は言ってくださった。数日限りの数人の活動であれば、それも可能だったが、それでは本質的な問題解決には至らなかった。極小プロジェクトのわらすっこプロジェクトには、教員派遣を実現させている大きな組織のような動きができるはずもなかった。

保育とは何なのか。国は、そもそも保育という営みをどのように理解し、評価しているのか。そのことが問われている。有事の際には、まずは被災地の保育全体を見渡し、組織を統括して判断する司令塔が必要である。学校の授業を開始する環境を整えるのと同様のスピードで、保育を再開する環境を用意する。学校教員が派遣されると同様に、保育者を派遣する——そうした体制作りが必要なのだ。そして、これを実現するためには、保育の意味を、必要性を、国が、国民が理解していく必要がある。保育界は、それをやれずに来たのではないか。保育に関わる者としてそのことを悔やんだ。

②　保育の再開と回復

保育を再開するためには、何が必要なのか。すべてを失った保育の場は、まずそこからはじめなければならなかった。

空間、それが必要だった。わらすっこプロジェクトは、当初、空間がないなら青空保育も可能ではないかと考えた。私たちのプロジェクトで、被災地に出向き、そうした実践ができないかとも考えた。確かに、短期間ならそれもよしだった。しかし、震災後の困難な生活が長期化することを考えると、やはり子どもたちの居場所となる空間が必要だった。しかし、これだけの被災である。被災者の住居も確保できない中で、保育が可能な空間を探すことそのことが、最大の困難であった。被害が大きい地域はなおさらであった。小学校の一室、児童館のフロアー、老人施設のホールなどのスペースを借りるための交渉をするまでにも多くの時間とエネルギーが必要であった。特に、私立の幼稚園は、困難だった。ある幼稚園の園長先生は、「あらためてうちの園が私立であることを実感しました。」と嘆いた。確かに「私立」である。しかし、この地域の幼児教育を引き受けてきた公教育機関である。未だ道路状況も改善されない中、各園の園長先生たちは、何度も何度も役所に足を運び交渉した。これまで培ってきたネットワークを駆使して、空いている建物がないか、探し回った。

その結果ようやく貸していただける場所を見つけ、保育を再開することができた園もあった。しかし、見つけ出したほとんどの場所は、保育をするには課題のある場所だった。子ども用トイレや手洗いがない。適切な広さではない。外遊びができない等、課題は山積だった。保育者たちは、様々な工夫をしながら、それらの課題を一つ一つ解決していこうとした。

次に必要なものが備品や遊具であった。すべてをなくした園は、折り紙一枚から用意しなければならなかった。前述したように、わらすっこプロジェクトが最初に支援したものは、午睡用布団であった。そのあとも、私たちは園が必要だというものを、集めて届ける活動を続けた。次にリクエストが多かった備品は、幼児用の机といすだった。私たちはさっそく全国にこのことを呼びかけ、机といすを支援していただいた。保育用品用会社にも声をかけ、寄付していただいたり、不足分は、支援金で購入したりして、園に届けた。子ども用ロッカー、下駄箱といった保育用の家具や、折り紙、画用紙、クレヨンといった教材も届けた。それらの備品や教材を集める作業を進めながら、ふと考えたことがあった。本当にこれらが保育の必需品なのか——確かに、震災前に当たり前にあったもの、それが今はない。何もない空間に立たされたとき、保育者たちは、震災前の保育室を思い浮かべ、失った一つ一つを揃えて行こうとした。

5年の時を経て、あの時の光景を思い浮かべつつ考えることがある。一つは、私たちの中の「保育の当たり前」が、いかに根強くあるのかということである。クラスごとに仕切られた四角い保育室。そこにロッカーが並べられ、幼児用の机やいすがある。保育室の棚には、折り紙や画用紙がストックされていて、子どもたちがそれらをもってきては、机の上で使用する。私たちはそうした光景を保育の日常と思ってはいないか。それらを失ったとき、それらを揃えることから始めようとする私たちのメンタリティーは、何を物語っているのか。被災地の保育者だけの問題ではない。皆さんから送られてきた支援物資もまた、圧倒的にこれらの教材であった。私たちは保育という実践を保育の必需品といわれるものに依存しながら、行っているのではないか。だとしたら、それらを見直すこともまた、保育界が抱える大事なテーマではないか。

その一方で、まったく正反対の思いもあった。あの時、そうした備品や教材を揃える作業は、何よりも保育者自身にとって必要な作業であったのではないか。失ったものを一つ一つ取り戻す作業を通して、震災以前の保育の風景が回復していく。その風景とともに保育者もまた回復の道を歩いていく。あの一つ一つこそが、私たちが回復していくための大事なプロセスであったのかもしれない。

いつか、もっと多くの時間を経て、この時のことを検証する日がくるだろう。そして、保育者や研究者が、保育とは何かを問いながらこのことを検証していく必要がある。

被害が大きかったエリアの幼稚園、保育所の多くには、最低限の備品がいきわたった。そうだとしたら、私たちの活動は今後、どのような方向へ進めていけばいいのか、そんなことを模索し始めていた時、仙台市に隣接する多賀城市に勤務する卒業生に再会した。聞けば、勤務していた多賀城市の桜木保育所は、２メートルの津波に襲われ、全壊したとのことであった。今は、子どもも保育士も市内の保育所に分散し、保育しているとのことだった。今いる保育所は津波の被害はなかったエリアの保育所であることから、物資の支援はほとんど必要ないとのことだった。それであれば、どのようなお手伝いができるのか。そのことを尋ねると、予想もしていなかった答えが帰ってきた。――桜木保育所の子どもたちと先生たちに再会したい。

思えば、あの日の別れは、突然にやってきた。地震は、翌日の修了式の準備をしているまさにその時に発生したという。子どもたちを必死で守り、保護者にお返しした。そこで、子どもたちも保育者たちも、突然、桜木保育所での生活を終えることになったのである。全員揃って行うはずの修了式もできないままに至っている。子どもたちは、幸いにも被害の少なかった保育所に移動し、保育所生活を再スタートさせることができている。保育者たちも同様である。物理的には、確かに生活は再スタートしている。しかし、それが本当の意味でのスタートとはなりえないという困難さの中に彼女たちはいた。保育とは何なのか、ここでもその営為《えいい》の意味を再考せざるを得なかった。子どもと保育者の間に生成している代替不可能な関係性。物理的なそれとは次元の違う子どもと保育者の居場所。これらによって生み出されるナラティヴそのものが保育なのか。

保育の再生とは、単に保育の場が作られればいいということではなく、そこに保育用品が並べばよいというものでもなく、子どもと保育者によって作られるかけがえのない「ここ」の再生によって動き出す。

あの日から時計が止まったままの子どもたちと保育者にとっての再生を支援するとは何なのか。そんな自問自答を繰り返しつつ、「ただ桜木保育所の子どもたちと先生たちと集まりたいのです」という保育者のささやかな、しかし代え難いリクエストに応えるための計画をスタートさせた。

２０１１年3月11日。私たちは、翌日に控えた修了式に向けて、ホールに集まり、式の中で披露する子どもたちのスライドの予行練習をしていました。練習とは言え、修了児の赤ちゃんの頃からの写真や、この一年の行事の写真などを振り返り、その成長ぶりに涙ぐむ職員もいました。子どもたちは、お昼寝中。準備も終わり、そろそろ起こそうとしていた時の事でした。突然の激しい揺れ。眠っていた子どもたちは、跳ね起き、大きい子どもたちは反射的に机の下に潜り込み、小さな子どもたちも保育士にしがみ付きながら長く続く揺れに耐えていました。揺れ続ける机の下で必死に服や、防寒具を着せ、靴を履かせ保育所前の避難指定場所へと避難しました。

すぐに、迎えに来てくれた保護者も多く、「気をつけて帰ってね」と引き渡し、残っている子どもたちをブルーシートで雪や寒さから守りながら、次の判断を話し合っていた、その時です。突然、足元に水が広がり始めたのです。「津波だ」という声と同時に私たちは保育所隣の工場へと急ぎました。工場の敷地には先に避難していた地域の方も10名程いました。「子どもがいます。手を繋いでください」とお願いすると、素早く手を引いたり、抱いたりし工場の2階へと登ってくれました。全員が駆け上がった瞬間、大きな音とともに水や瓦礫、車などが工場の中へと流れ込んできたのでした。あまりの恐さに泣きだす子ども、茫然とする子ども。私たちも何がおきているのか、状況が掴めずにいました。とにかく、この子どもたち14人を守らなくてはいけない…と強く思っていたことを覚えています。地域の方は、「大丈夫、逃げる時は一人ずつ、抱っこできるからね、何があっても、子どもを優先するからね」と温かい言葉をくれました。初めは、泣いていた子ども達でしたが、少しずつ落ち着きを取り戻し、「助けがくるまで、ここで待つこと」「食事は限られているが我慢すること」などを理解してくれました。1歳児から、5歳児まで必死に耐えた長い長い夜でした。

翌日の午後、自衛隊の方が助けに来てくださいました。まだ、周りには1m程の水があり、自衛隊の官舎へと向かうトラックから見た光景は想像を遥かに超えた衝撃的なものでした。車や瓦礫、自動販売機などが道中に倒れこみ、水びたしの中を避難する人々が泥まみれになりながら歩く…子どもたちも、その光景をじっと見ていました。その後、市役所へと避難し最後の子どもを保護者へとお渡しできたのは3日後の事でした。元気に登所した子どもを元気な姿のままでお返しする。保育の場として当然の事ですが、とても責任がある仕事であること、命の重さを改めて感じた時間でした。

翌日、保育所へと向かった私たちが目にしたのは、変り果てた泥だらけの保育所でした。２ｍ以上の津波にのまれた保育所は再開の目処が立たず、桜木保育所は市の子育てサポートセンターを借りて保育を行いながら保育士は保育所内外の片づけを行いました。登所する子どもの中には津波や余震に怯えて笑顔が見られなくなった子どももいました。保育所の片づけをしている保育士も、子どもたちの作品やお気に入りの遊具が流され保育の場がなくなってしまったことに、何とも言えない思いを抱えていました。その後の再開は、やはり難しく、4月から子どもや、職員は市内の保育所に分散という形で別れて過ごすことになったのです。少しずつ慣れていく子どもたちがいる一方で、時々顔を合わせる保護者や保育士とは「桜木保育所は、まだ再開できないのですか?」「みんなで会いたいね」という会話が交わされていました。新しい場で、体は動いているものの、心は桜木保育所に忘れてきてしまっているような思いを皆が抱いていました。そのような時、ご縁があり、磯部先生から、わらすっこプロジェクトのご支援を頂けるお話を伺いました。今、桜木保育所のために、何ができるかを考えた時、「再会したい」という皆の願いが頭に浮かび、再会の会の実現にむけてのご支援をいただくことになりました。

計画が進むと、磯部先生や、小島先生が多賀城まで出向いてくださり、様々なアドバイスやそれに応じたご支援を提案してくださいました。私たち職員も「また桜木保育所のために動ける」という喜びを感じながら度々集まり、相談したり製作などの準備を進めました。２０１２年2月19日。桜木保育所再会の会当日。22年度の在籍の子どもや、その家族など、約１７０名が集まることになりました。会場となったホテルのロビーから聞こえてくる子どもたちの声に、会場の中で待ち切れず、思わず階段や入口まで迎えに行くと、すっかり大きくなった子どもたちが笑顔で入ってきてくれていました。お母さん方の中には、受付けをした時から涙を流している方もおり、この一年、私たちが抱えてきた心の重みを感じました。

初めは、恥ずかしそうにしていた子どもたちでしたが、時間が経つにつれて、一緒に過ごしていた頃に戻り、満面の笑みで元気いっぱいに過ごしていました。会では、仙台フィルハーモニー管弦楽団の方の素敵な演奏を聴いたり、あの日、ホールで予行練習をしていたスライドを作り直して上映したり、修了式で歌う予定だった歌を皆で歌ったりしました。

夢のような、一日限りの桜木保育所復活の時間は、あっという間に過ぎ、「また会おうね」「元気でね」と、それぞれの道へと別れて行きました。分散した保育所では、修了式の練

取り壊しになった旧桜木保育所の室内

習が始まり、もうすぐ震災から一年が経とうとしています。私たち、桜木保育所職員の絆は固く、保育所への愛着も強かったため、再会の会が実現したことで「区切りがついた」と言えるほどには、まだまだ心の整理がつかずにいます。でも、一瞬一瞬を全力で生きている子どもたちに負けないように前を向いて進んで行きたいと思います。

（佐藤宏子・多賀城市保育士）

「みやぎ・わらすっこ通信　第5号」より

※多賀城市桜木保育所は、2015年4月、民間委託され、桜木災害公営住宅の1階部分に再建された。保育所の入り口付近には、桜木保育所在園時、卒園児、保育士、保護者らの手によって作られた「みんなの壁」が飾られ、桜木保育所で過ごした子どもたち、保育士たちの確かな思いが継承されている。

桜木災害公営住宅の 1,2 階部分に再建された桜木保育所

③ ようやく実現した仮設園舎の建設

保育者たちは、日々の最低限の生活をなんとかやりくりしている間も、壊滅的な被害を受けた地域の保育環境の再生を急がなければ、と考えていた。仮設でもいい、子どもたちの生活に相応しい園舎の再建はならないか。震災直後から、被災した園の先生方はもちろんのこと、私たちもそうした思いは強かった。しかし、仮設とはいえ園舎を建設することは、保育現場にはとてもハードルの高い課題であった。

被害の大きかった地域は、そもそも安全な土地そのものがない。そして、仮設とはいえ、園舎建設には莫大な費用がかかる。その当然ともいえる大きな課題に、小さな組織である幼稚園、保育所が立ち向かえるはずがなかった。国がどのくらいの支援をしてくれるのか、それがなかなか明らかにならない状況で、大きな決断もできなかった。

そうした状況をキャッチし、早期にユニセフが「保育園・幼稚園再建支援プロジェクト」を立ち上げた。宮城県内の数か所の幼稚園・保育所を再建するための支援をしていただけることが決定された。とはいえ、このたびの震災の被害は極めて広範囲にわたっている。宮城県だけでも、全壊・半壊の幼稚園、保育所は、50か所を超えていた。どの地域のどの園を再建するのか、それを選択するための情報を集めることさえも困難な状況にあった。ユニセフが集めた情報に、わらすっこプロジェクトが得ている情報をお伝えしながら検討を重ね、結果的に、宮城県内の8園の幼稚園、保育所がユニセフの基金で再建されることになった。

ユニセフの基金で建設された最後の園が完成したのは、２０１２年12月であった。関係者一同が「少しでも早く」と、思いつづけた1年10か月であった。多額の費用をかけての園舎建設。世界中の皆さんからの支援のおかげである。本当に感謝であった。

被災地に園舎が建つ——そこに子どもと保育者が戻り、子どもの笑い声が響く。こうした光景は、被災地にとって希望の象徴にもなった。子どもたちが元気に生活する拠点があること、そのことが被災地を元気にした。

私たちにとってもこれらの園舎の完成は、大きな喜びだった。被災地の保育の復興が大きく前進したかのような気持ちになっていた。しかし、それは、私たちの思い込みでしかなかった。

被災状況の全様を確認できないままに、目の前の課題を一つ一つ乗り越えること——あの混乱の中では、ある意味仕方がないことだった。しかし、このあと私たちはさらに過酷な保育の現状を再確認することになる。思えば、宮城県内だけでも大きな被害を受けた園は50か所を超えていた。ユニセフが再建を手掛けた園は、8か所である。その他の園の中には、再建を目指そうとも実現できない現実が立ちはだかっていた。

震災後2年を迎えるころから、「復興の格差」ということが、あちこちで語られるようになっていた。自力で自宅を再建し、仮設住宅を出る住民も増えてきた。その一方で、仮設住宅を出た先のことなど、とても考えられない住民もいた。国内外からの支援を受けつつ、職場を再建し、仕事を再開した人たちもいた。しかし、仕事を失ったまま、大変な生活を続けざるを得ない家族

ユニセフ基金によって建設されたあさひ幼稚園（南三陸町）

同じく吉田保育所（亘理町）

もあった。

保育界も同様だった。そもそもユニセフ基金で園舎再建のためのリストにあがった園は、ユニセフが主として活動していたエリアの情報であり、個人的なネットワークで活動をしていた我々極小プロジェクトの情報である。しかも、あの混乱期において入手できた情報にすぎない。当然、私たちがまったく知らないところで、大変な困難に直面されている園がいくつもあったが、それらのすべてを私たちが把握できていたわけではなかった。被災の情報を集めるシステムがなかったこと――そのことが、その後の保育の再生にも大きな問題を残すことになった。このことは、必ず記憶し、記録しておかなければならないことの一つである。

「東日本大震災みやぎ子ども支援センター（発足時東日本大震災中央子ども支援センター）」が設立されたり、各支援団体が集い「宮城県こども支援会議」を立ち上げることになったのも、情報の錯綜による支援の混乱を防ぎ、よりよい支援活動を進めるためでもあった。

２０１２年末に、ユニセフが宮城の支援拠点から撤退した直後に、園舎再建を目指すいくつかの園に出会った。震災から2年。すでに、ユニセフ同様の大きな支援先を期待することは困難な時期になっていた。再建のためにかかる何億もの資金を小さな幼稚園、小さなプロジェクトに寄付してくれる団体などない。ということは、再建をあきらめるのか、園が多額の借金を背負うのか、――ここでも、地域の保育に貢献してきた私立幼稚園は「私立」故の困難に直面していた。

そんな矢先、私たちが細々と発信してきたブログや通信を目にされた方から、園舎再建のための費用を支援することができるかもしれない、というメールが届いた。聞けば、その方のパートナーがドイツのキリスト教系の慈善団体の職員で、そこにつなぐことで大きな支援を得ることができるのではないかとのことであった。これが朗報なのかどうなのかさえ、判断できないまま、まずは、このメールに応え、被災地の現状をその団体にレポートすることになった。

④ 支援をつないで ― 本園舎建設へ

ドイツの支援団体は、カリタス・インターナショナルであった。必要であれば、園の再建のために67万ユーロ程度の支援金を支出する用意があるとのことだった。67万ユーロ、日本円で8000万円近い金額である。NGOでもNPOでもない、こんな極小プロジェクトに、この巨額な支援金を託してくださる。人のつながりの不思議さに感謝した。ただ、この金額だけでは、園舎建設は困難である。しかし、国の補助金、その他の支援金を集めれば、建設が可能かもしれない。しかも、今度は仮設園舎ではなく本園舎である。

この情報をもって、私たちはかねてより園舎再建を模索されていたのびる幼稚園の園長先生宅に伺った。のびる幼稚園は、津波により全壊。しかし、震災直後から、園長先生が各地に交渉して歩かれ、ようやく貸していただけた隣町の公民館で保育を再開された。公民館で保育をされていた時、何か必要なものはないかと伺うと、子どもたちに温かいご飯を食べさせてあげたいので、炊飯器があればいただきたいと言われ、炊飯器を抱えて伺ったことがあった。ようやくみつけたその保育の場所も2か月で引き払わなければならず、その後は東松島市内の洋装会社の倉庫を借りて、保育をされていた。私たちが伺ったときには、一部改装された小さな倉庫の一室で、満3

歳から5歳までの子どもたちが一緒に生活していた。狭い室内には、全国から寄せられた支援物資が積み上げられ、さらに窮屈な状態になっていた。

震災当初から、園長先生は、「必ず園舎を建て直す」と考えていたとのことだった。のちに、なぜ、そんなに強い気持ちでいられたのか、と伺ったら、「子どもたちが、『園長先生、幼稚園、いつできるの？』と聞くんだよ。そう言われたら、『もうすぐできるからね。』と言わざるを得なかった」と笑顔で話された。とはいえ、かつて園舎のあった場所は危険地域に指定され、その土地には園舎は再建できない。つまり、土地を探すことから始めなければならないのだ。土地を購入し、園舎を建設する――そこにかかる金額は、莫大である。震災後、大きな寄付をしてくださる話が何度かあり、お願いの文書や申請の書類を書き続けていたが、なかなか条件が合わず、実現しないままに今日に至っているとのことだった。当時、ユニセフ以外にも、事業再建のための支援をする話はいくつかあったが、それらの情報が園には届いていなかった。ここでも情報収集の問題が浮かび上がった。

とにかく、園が園舎を再建することを望んでいるなら、それを支援しようということになった。園長先生は土地探しと資金調達。私たちは支援団体へのレポート書き。まずは、そんなところから始まった。そして、設計チームを立ち上げ、園舎建設に向けて会議を重ねるという生活が続いた。なんとか土地を見つけることができたものの、復興工事の影響で、コンクリートがない。杭がない。人手がない……とないないづくしの困難が続いた。さらに、工事価格の高騰で当初予算の範囲での建設が不可能となり、園長先生はその資金調達に走り、奥様は、補助金を得るために求められる書類の山を一つ一つ片付けていく毎日だった。その後もここには書ききれないほどの課題が、一つ乗り越えるとまた一つ……と、次々と立ちはだかった。それでも園長先生は、震災後、ずっと仮設園舎で過ごすこの子どもたちの卒園式は、絶対に新園舎で挙行すると強く宣言され、それを一度も撤回されることはなかった。園の保育者でもある奥様が、園長先生のそばで「震災以来、一度もあきらめると言わなかったのですよね。どうしてでしょう?」とクスッと笑って話された。

「園長先生、いつ幼稚園できるの?」――子どもの言葉は重い。保育者の心は、子どもによって大きく突き動かされる。

2014年3月。卒園式の日程が迫っていた。しかし、園舎は完成していなかった。建設会社の社長さんが、「卒園式までにという約束を守ります」とおっしゃってくださったが、被災地の材料不足と人手不足は深刻だった。結局、卒園式までに園舎は完成しなかった。しかし、建設会社のご協力で、卒園式を行うホールだけは完成した。水道もトイレも使えなかったが、年長児は、この新園舎から胸を張って卒園した。国内外の皆様からの支援をつないで完成した園舎。子どもたちは、この園と園長先生をはじめとする保育者たちを誇りに思うに違いない。

のびる幼稚園の仮設園舎(洋装会社の倉庫)

のびる幼稚園の完成した新園舎

者たちである。

5 休園という選択

のびる幼稚園の園舎再建は、被災地のうれしいニュースとしてたびたび地方のニュース番組で報じられた。私たちにとってもそれはうれしいニュースであったが、そのニュースを複雑な思いでみていた保育者がいらしたことを、私はその数か月後に知った。石巻みづほ第二幼稚園の保育者たちである。

石巻みづほ第二幼稚園は、工業港の岸壁にほど近いところに位置していた。震災当日、園には預かり保育の子どもたち13人と職員11人が残っていた。大きな揺れのあと、津波がくるという情報に園長先生はじめ保育者たちは、園外への避難を考えるが、園の近くには高い建物がない。遠くに避難するためには、バスで移動するしかない。しかし、すでに国道は大渋滞となっており、他の場所に避難するのは、むしろ危険である。保育者たちは、まずは、子どもたちを2階に避難させるが、次の大きな津波が押し寄せてくるのが見える。危険を感じた保育者たちは、机を踏み台にして子どもたちを棟続きのボイラー室の屋根に移動させ、さらに、二つ折りで使う脚立を伸ばし、それをよじ登って屋上まで避難させた。最後に残った保育者が脚立に手をかけた時には、津波がボイラー室の屋根まで迫っていたという。まさに危機一髪の避難であった。

園舎の屋根に避難した子どもたちと保育者

園舎の屋根に迫ってくる津波

翌日、子どもたちと保育者は海上自衛隊の護衛艦「たかなみ」に救助され、艦内で2泊したのち無事保護者のもとに帰ることができた。

東日本大震災における海上自衛隊の活動記録をまとめた海上自衛官元横須賀地方総監の高島博視氏の著書『武人の本懐』のエピローグに、一年後に全壊したこの園を訪ねた時のことが記録されている。

今は廃墟と化した「石巻みづほ第二幼稚園」を訪れた。「たかなみ」が、救助した園児の幼稚園である。同園は2日後に解体作業が始まるという。

「園舎前の電柱を越えて津波が襲ってきた」と同行した先生が説明してくれた。津波の形跡は、園舎2階の床上1mをゆうに超えていた。コンクリートだけのスケルトン状態になった2階の片隅に、黒のビニールテープで「タスケテ　コドモ」と書いた（テープを貼り付けた）机が転がっていた。この文字の大きさでは、とても上空のヘリコプターからは見えないだろう。しかし、次の大津波が迫ってくるなかで、このメッセージに一縷の望みをかけた先生たちの使命感は限りなく尊い。決して解体のごみにしてはいけないと思った

（高島博視『武人の本懐』講談社　p.248）

震災二日後の石巻みづほ第二幼稚園

園舎に突っ込んだ園バス

石巻みづほ第二幼稚園は、比較的被害の少なかった姉妹園石巻みづほ幼稚園の空き地に仮設園舎を建て、保育を再開した。このことを間接的な情報を得て知った私たちは、石巻みづほ第二幼稚園は、再生の道を歩み始めているものと勝手に思い込んでいた。

震災から3年後の夏、プロジェクトのメンバーとしてではなく、保育者養成校の教員として、本園を訪れ絶句した。未だにプレハブの仮設園舎であった。狭い廊下を通るために横歩きをしなければ、トイレに行けないような環境だった。２０１５年12月、再び訪れた時、室内は、廊下に風よけのために貼ってあるビニールカバーの隅間から、冷たい風が吹きこみなんとも寒かった。教頭先生は、「すみません。寒くて」と何度も私たちを気遣ってくださったが、「すみません」と申し上げたかったのは、私たちの方だった。適切な情報の下で計画的な支援ができていれば、もっと早期に何らかの支援ができたはずであった。間接的な情報で、判断してきたことを悔やんだ。

本園の再建は断念し、園としては休園（園児募集停止）を決定したとのことだった。その情報が明らかになっても、この隙間風が吹き込むプレハブ園舎であっても、入園希望者がいるとのことだった。「本当に。うれしいことです。」と教頭先生は、なんともやさしく穏やかな表情で、私たちに語った。この先生が、あの時、脚立をのぼる子どもたちを引き上げ、氷点下の園舎の屋上で、子どもたちを守り続けた強くたくましい保育者と同一人物とは思えなかった。

保育とは何だろう。保育者とは何だろう。ここでも、考えずにはいられなかった。

園舎を再建することだけが保育の再生ではない。ここに一つの大切な実践の場が失われることは、本当に無念である。

V　再生の道のり　―　保育の再生とは何か

震災から5年。これまで目指してきたことの中心は、失われた形あるものを補い、それを作り出すことだった。何もなくなったところに、かつての保育環境に近い環境を再生することを目標として、保育者自身も支援者側も取り組んできた。まずは、ここから始めるしかなかった。それしか再生の手がかりがなかったからである。その結果、もとの場所で保育を再開した園。新たな場所に園舎を再建した園。複数の園を合併することで再スタートを切った園。そして、休園を決断した園 ― こうした園の実践（ある意味、戦いともいえる）と、様々な再生の形に出会ってきた。それらをそばでみていると、何一つ同じ歩みはなく、被災した園の数だけその再生の物語があるように思う。だからこそ、被災地に一律の支援はなく、一つ一つの実践に寄り添っていかなければならない。

保育は、子どもの主体的な遊びと生活によって作り出される。遊び場を失い、日常を失った震災直後の被災地には、まさに保育が求める場とは対極の現実がそこにあった。

しかし、多くの保育者は、わずかなスペースを見つけ、小さな建物を間借りし、何もかもなくなった場所で、子どもたちの遊びと生活を回復させることの努力を惜しまなかった。

多くの尊い命が失われた。子どもを、保護者を、同僚を失った保育者は、絶望の中にあった。それでも、立ち上がらなければならなかった。

あまりに懸命に頑張る保育者たちが、いつか壊れていくのではないかとさえ思えた。そんな時間が、ずいぶん長く続いていたように思う。5年という月日は、一つの節目ではあるけれど、決して、人々が回復のするために十分な時間とは言えない。本当の再生までには、まだまだ多くの時間を要するのだと思う。

失われた形あるものを補うことに必死で生きてきたこの5年のあとには、本当の意味で人々が生きていく場所として、また、子どもたちが育つための居場所としての保育の場づくりが必要なのではないか。

南三陸町のあさひ幼稚園は、津波に襲われ全壊したが、その後ユニセフの支援で高台に仮設園舎を再建した。比較的早期の園舎再建であった。波をかぶって伐採を余儀なくされたお寺の参道にあった杉の木を使っての木造園舎の完成は、子どもたちにとっても、町にとっても希望の一つとなった。しかし、壊滅的な被害を受けた町全体の復興計画ができていない際に進められた園舎建設であったため、現在は、その場所が町づくりの重要なエリアと重なってしまった。工事車両が激しく行きかう場所でもあることから、子どもたちはその園を出て、再び別の場所のプレハブ園舎での生活を余儀なくされている。町全体の計画のもと、中心部の工事が終了した段階で、元の場所に戻って、あらたに増築される本園舎で保育をはじめるという。震災後、子どもと保育者は、何度引っ越しを余儀なくされただろう。そのたびに、大変な苦労をされながらも、前を向いて保育を続けられた先生方には、頭が下がる思いである。

幼稚園や保育所は、その地域にあって地域とつながり、地域の子どもたちと親たちの子育ての拠点である必要がある。ここから将来のこの地域を、社会を担う人材を育てていく、それが、私たちの役割である。だからこそ地域や町の復興と園の再生は一体でなければならない。この町で、この町の子どもたちをどう育ててくのか。その役割を引き受けていることを私たちは重く受け止めなければならない。

町の復興は、人々のくらしと共にある。人々がこの町でどう生きるのか、その哲学の上に町の復興がある。復興住宅ができても、入居希望者が充足していないと聞く。なぜなのか。

仕事を求めて町外に転居した家族は、戻りたくてもふるさとに戻れない。震災が私たちに突き付けたのは、人が生きるということの意味と尊さである。

次世代の子どもが育つ場所。幼稚園や保育所は、その重要な拠点である。子どもたちがどう生きるのか。子どもたちがどう育つのか。その場に共に居る私たちの生き方が問われている。

被災地の本当の意味での再生はこれからである。道路ができ、建物ができ、最低限の必要なハードを取り戻すための5年であった。これから、私たちは、子どもが育ち、生きるための場所としての町づくりと共に、これからの社会に力強く生きていく子どもが育つための園づくりをしていかなければならない。それは、この時に生きた大人たちの使命である。

解体前の石巻みづほ第二幼稚園

解体を前に先生たちが手作りしたひまわりの絵が描かれた「ありがとう　前へ」の垂れ幕。震災後，保育は別の場所で行われたが，先生たちは、仕事が終わると、お互いに声をかけるわけでもないのに，この場所に立ち寄っていたという。

Ⅵ　おわりに

震災から5年
あの時のことが、つい先日のことのようにも、遠い昔のことのようにも思える

あの日
真っ暗な園舎の二階で恐怖と寒さと空腹に耐えた子どもたちは
私の背に迫るくらいに大きくなり
避難所の体育館を無邪気にはしりまわっていた幼い子どもたちは
ランドセルの似合う小学生になった
あの困難な時に生まれた子どもたちは、今年、園で一番大きな年長さんになる

あの時
必死で子どもたちを守り抜いた保育者たちは、今日も同じように卒園に向けての仕事に追われ
子どもたちと今このときを笑顔で過ごしている

津波にのみ込まれ、一晩のうちにがれきの山と化した町並みには
海辺の町にやや似つかわしくない復興住宅が立ち

今もなお工事車両が砂埃をあげながら、かさ上げ工事をすすめている

この町が、この地域が、そして、人々のくらしが回復し、再生するまでに
あとどれくらいの時間が必要なのだろう

今、私たちの目の前に生きるこの子どもたちが
この地域の復興を、復興後の社会を支えていく人材になっていくに違いない
だからこそ、保育者の使命はここにもある

やむにやまれずたちあげた小さなプロジェクトの活動は
当初ただただ物資を運ぶ御用聞きでしかなかったが
こうして振り返れば
保育とは何か、保育者とは何かを問い続ける活動でもあったように思う
多くの保育者の苦悩と悲しみに直面し
多くの現場の困難と再生の場に立ち会わせていただいた

だれも経験したことのない震災ゆえに
だれもその再生と支援のノウハウが分からずにいた

保育界もまた同様であった

混乱、そして再生へ
5年の時を経て
今
『ありがとう　前へ』

ななみ書房の長渡晃氏には、こうしてこの5年を振り返り、記憶と記録を整理する機会を与えていただいたことに感謝したい。あの時、保育が直面した多くの課題を詳細に記録しておくことも研究者としての私の重要な仕事であったにも関わらず、ただその時を生きるだけで精一杯の混乱の中にあって、それさえも十分にできずにいたことを、今となっては、反省するしかない。

私自身の記憶と仲間と残したわずかな記録を頼りに、本書の文章を綴った。それは、本当に拙いものでしかないが、数か所に引用させていただいた保育者の言葉は、本物である。長渡氏に背中を押していただきながら、ここに書ききれなかった、保育者の本物の語りを次の機会に綴りたいと思う。

この記録が、被災地の保育の再生に、そしてこのあとに続く保育者たちにとって、わずかでも力になることがあれば幸いである。

最後に

壊滅的な被害を受けた南三陸町に生き、津波の犠牲となった義理の両親に、
この記録と共に被災地の多くの人々の思いを報告したい
あの時、私たちの背中を押したのは、
まぎれもなく無念にも突然生涯を閉じることになった両親だったと思う
夫と共にあちこちの遺体安置場を走り回り、二人を探し回ったあの時間は、
多くの人々の悲しみの場に、二人が私たちを導いたのではないかとさえ思える
この光景を、この苦しみを、忘れてはいけないということが、
両親の最後のメッセージだったような気がする

私たちは、お二人のように生きられているでしょうか
南三陸の町は、かさ上げ工事が進み、
穏やかで和やかだった自宅前の通りは、かつての姿をなくしました
復興というには、まだまだとても及ばない状況です
それでも、お二人が愛したこの地の人々は、
お二人のように、たくましく、力強く、歩んでいます

震災後、神戸の大学の先生が私を訪ねてくださいました
その先生もまた、阪神淡路大震災後、自転車で神戸の町を走り回り、
被災した保育の現場の支援をし続けたとのことでした
そんな生活が5年続きましたよ。とその先生は笑顔でおっしゃいました
東日本大震災から5年。私たちの活動は、形を変えつつ、まだまだ続くのだと思います

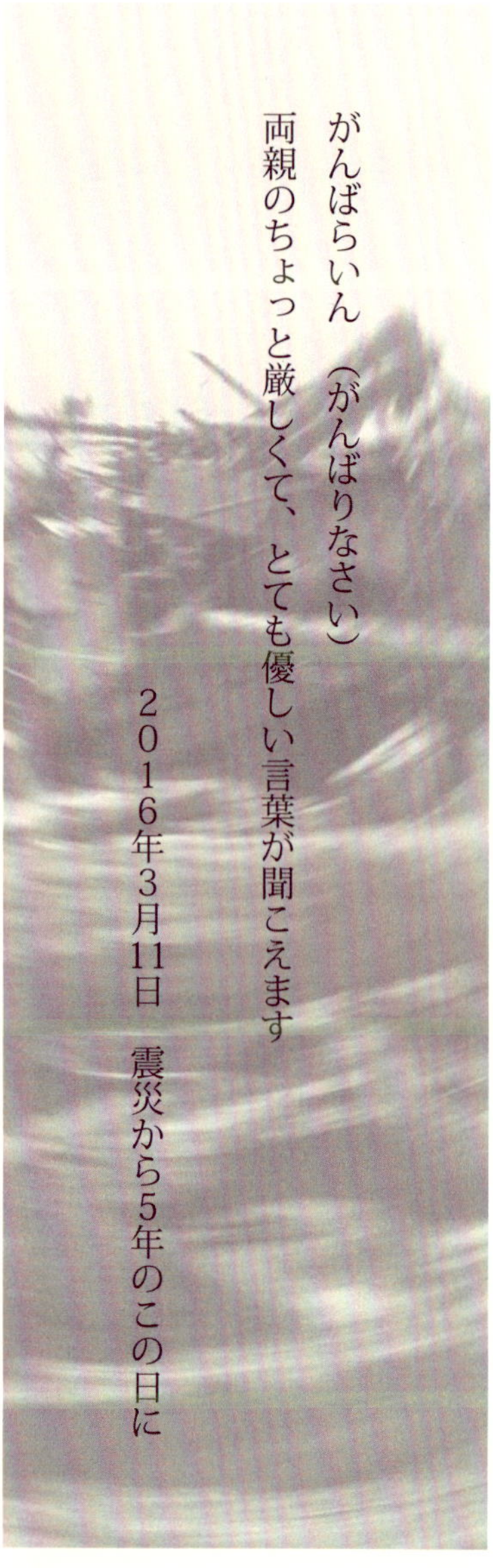

がんばらいん（がんばりなさい）
両親のちょっと厳しくて、とても優しい言葉が聞こえます

２０１６年3月11日　震災から5年のこの日に

追　記

ななみ書房様から、出版事情の厳しい中、多額の著者印税を頂戴できるというお話をいただきました。この印税は、全額「みやぎ・わらすっこプロジェクト」に寄付させていただき、みなさまからの支援金と共に、まだまだ支援の必要な被災地の保育の再生のために、大切に、大切に使わせていただきたいと思います。

●磯部　裕子（いそべ　ひろこ）
聖心女子大学文学部教育学科卒業ののち，8 年間保育者生活を送る。その後、青山学院大学院前期博士課程，後期博士課程修了。現在，宮城学院女子大学児童教育学科教授。専門は，保育のカリキュラム論，環境論。本務校で保育者養成に携わりながら，保育者と共に、実践研究を進めている。
2011 年東日本大震災後に，被災地の保育を再生するために仲間と共に，「みやぎ・わらすっこプロジェクト」をたちあげ，代表を務める。

●著　書
『教育課程の理論』（萌文書林 2003）（単著）
『食からひろがる保育の世界』（ひとなる書房 2007）（共著）
『脱学校化社会の教育学』（萌文書林 2009）（共著）

●みやぎ・わらすっこプロジェクト
代　表：磯部裕子（宮城学院女子大学　教授）
副代表：小島　芳（幼保連携型認定こども園　みどりの森　園長）
主たるメンバー：認定向山こども園／幼保連携型認定こども園みどりの森／
宮城学院女子大学学生・教員有志
HP：http://www.h4.dion.ne.jp/~aomushi/warasukko_top_page.html

震災と保育 1　混乱，そして再生へ　　ななみブックレット№ 3
2016 年 5 月 5 日　第 1 版第 1 刷発行

●著　者	磯部裕子
●発行者	長渡　晃
●発行所	有限会社　ななみ書房
	〒 252-0317　神奈川県相模原市南区御園 1-18-57
	TEL　042-740-0773
	http://773books.jp
●絵・デザイン	磯部錦司・内海　亨
●印刷・製本	協友印刷株式会社

ISBN978-4-903355-52-8
Printed in Japan

定価は表紙に記載してあります／乱丁本・落丁本はお取替えいたします